LA BONTÉ
ENVERS LES ANIMAUX

Petit Manuel

A L'USAGE DES ÉCOLES ET DES FAMILLES

JOHN P. HAINES
Président de la Société Protectrice des Animaux
à New-York.

OFFERT A LA S. P. A. DE PARIS
PAR UN MEMBRE DE LA SOCIÉTÉ

Siège de la
SOCIÉTÉ PROTECTRICE DES ANIMAUX.
A PARIS
84, rue de Grenelle, 84

LA BONTÉ
ENVERS LES ANIMAUX

Petit Manuel

A L'USAGE DES ÉCOLES ET DES FAMILLES

JOHN P. HAINES

*Président de la Société Protectrice des Animaux
à New-York.*

OFFERT A LA S. P. A. DE PARIS
PAR UN MEMBRE DE LA SOCIÉTÉ

Siège de la
SOCIÉTÉ PROTECTRICE DES ANIMAUX
A PARIS
84, rue de Grenelle, 84

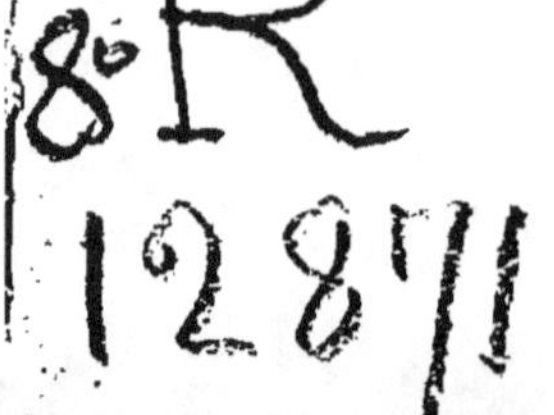

PRÉFACE

Ce petit Manuel sur la Bonté envers les Animaux est publié par la Société protectrice des Animaux dans un but pratique.

L'expérience de la Société a convaincu l'auteur que la cruauté existe plutôt par ignorance que par intention mauvaise. Le peuple est cruel, plutôt par manque d'idée que par manque de cœur.

Ceci est surtout vrai pour les enfants. Ils ne se rendent pas bien compte que les animaux peuvent souffrir tout autant que les hommes. Leur enseigner que toute créature vivante est apte à la douleur, les habituer à la pratique de l'humanité, tel est le but de ce Manuel.

On remarquera qu'il ne contient que très peu d'enseignement abstrait. Le but de l'auteur est de diriger l'attention des enfants vers les créatures qu'il connaît, et à attirer son intérêt sur les choses qui appartiennent à la sphère de sa propre expérience. S'il apprend l'humanité envers ces créatures et ce qui les concerne, il ne sera jamais inhumain envers les autres créatures, ni en aucune manière.

L'utilité de ce Manuel, dépendra en grande partie de l'intérêt et de l'intelligence du maître, et nous recommandons à tous les maîtres qui l'emploieront, ces deux brèves suggestions.

1° Les réponses aux questions n'ont pas besoin d'être apprises par cœur, elle n'existent que comme guides pour aider l'enfant à penser pour lui-même sur le sujet spécial des leçons.

2° Le but du maître doit être le même que celui de l'auteur, c'est-à-dire, intéresser les enfants et engager leur intelligence à l'étude de l'humanité. Donc il devra éclaircir et illustrer le sujet de chaque leçon par des observations et des anecdotes de son propre fonds, afin que l'idée première de ce manuel se trouve développée et agrandie par l'enseignement et le savoir d'un professeur vivant et parlant.

Si ses deux suggestions sont suivies, il est à présumer que quelques minutes chaque semaine, consacrées à l'étude pratique de l'humanité envers les créatures de Dieu, donneront bientôt un résultat appréciable de bien, en même temps qu'elles seront une source de vif plaisir pour les enfants eux-mêmes.

John P. Haines.

Président.

BONTÉ ENVERS LES ANIMAUX

I

Q. Comment un homme fait-il une maison?

R. Il la bâtit.

Q. Comment fait-il une pièce de drap?

R. Il la tisse.

Q. Quand Dieu fait quelque chose, comment disons-nous qu'il la fait?

R. Nous disons qu'il la crée.

Q. Qu'est-ce que Dieu a créé?

R. Dieu a créé le ciel et la terre et tout ce qu'ils renferment (Genèse, I).

Q. Comment appelons-nous le ciel et la terre que Dieu a créés?

R. Nous les appelons sa création.

Q. Pourquoi les appelons-nous sa création?

R. Parce que toute la création lui appartient.

Q. Et pourquoi lui appartient-elle?

R. Parce qu'il l'a faite pour lui-même (Proverbes, XVI, 4).

II

Q. Comment appelons-nous les choses que Dieu a créées?

R. Nous les appelons ses créatures.

Q. Nommez-moi quelques-unes des créatures de Dieu?

R. Des pierres, des arbres, des fleurs, des animaux.

Q. Si vous plantez dans la terre un arbre ou une fleur, qu'arrivera-t-il ?

R. Il poussera.

Q. Si vous prenez bien soin d'un jeune animal, qu'arrivera-t-il ?

R. Il grandira.

Q. Si vous plantiez un caillou dans la terre ou même que vous en prissiez grand soin, qu'arriverait-il ?

R. Il n'arriverait rien, car un caillou ne pousse point.

Q. Qu'est-ce que Dieu a donc mis dans les plantes et dans les animaux qui les fasse ainsi croître ?

R. C'est la vie.

Q. Comment appelons-nous les créatures auxquelles Dieu a donné la vie?

R. Nous les appelons ses créatures vivantes.

III

Q. Nommez-moi quelques-unes des créatures vivantes de Dieu ?

R. Les arbres, les fleurs, les bêtes, les oiseaux, les poissons.

Q. Quel nom donnons-nous aux créatures telles que les arbres et les fleurs?

R. Nous les appelons plantes.

Q. Quel nom donnons-nous aux animaux, tels qu'oiseaux, bêtes et poissons.

R. On les nomme animaux.

Q. Dites-moi quelle est la différence entre les plantes et les animaux ?

R. Les plantes croissent où elles sont plantées, mais presque tous les animaux peuvent se mouvoir d'une place à une autre.

Q. Dites-moi encore une autre différence entre les plantes et les animaux ?

R. Les animaux peuvent sentir et les plantes ne ressentent pas comme les animaux.

Q. Que voulez-vous exprimer quand vous dites que les animaux peuvent sentir ?

R. Ils peuvent ressentir du plaisir et endurer de la douleur.

IV

Q. A qui appartiennent toutes les créatures vivantes ?

R. Elles appartiennent toutes à Dieu.

Q. N'y en a-t-il pas quelques-unes nous appartenant ?

R. Oui, un grand nombre d'entre elles.

Q. Si elles appartiennent toutes à Dieu, comment peuvent-elles aussi nous appartenir ?

R. Parce que Dieu les a créées pour notre usage.

Q. Si votre père vous prêtait son couteau, comment voudrait-il que vous en fassiez usage ?

R. Il voudrait que nous nous en servions soigneusement, de manière à ne pas le lui détériorer.

Q. Et s'il vous prêtait son cheval, comment voudrait-il que vous vous en serviez ?

R. Il s'attendrait à ce que nous le traitions avec douceur, de manière à ne pas lui faire de mal.

Q. Comment Dieu s'attend-il à ce que nous traitions les créatures vivantes qu'il nous a données pour notre usage ?

R. Il s'attend à ce que nous les traitions avec soin et bonté.

Q. Si une personne ne traite pas les créatures vivantes de Dieu avec soin et bonté, quelle sorte de personne sera-ce ?

R. Ce sera une personne cruelle.

Q. Qu'est-ce que Dieu pense des personnes cruelles qui abusent des créatures vivantes que Dieu leur a données pour leur usage?

R. Il les trouve très méchantes. Dieu hait la cruauté.

V

Q. Nommez-moi quelques-uns des animaux qui travaillent pour l'homme?

R. Les chevaux, les ânes, les chiens, les bœufs, les chameaux, les dromadaires, les éléphants.

Q. Quand nous avons besoin d'hommes pour faire notre travail, comment les obtenons-nous?

R. Nous les engageons et nous leur payons des gages.

Q. Si nous les engagions et si nous ne leur payions pas de gages, comment agirions-nous?

R. Nous agirions malhonnêtement, parce que nous abuserions d'eux.

Q. Si nous les faisions trop travailler, ou pendant une durée trop longue, comment agirions-nous ?

R Nous agirions cruellement.

Q. Payons-nous des gages aux animaux qui travaillent pour nous ?

R. Non, mais nous devons leur donner une bonne nourriture, les abriter et les traiter avec douceur.

Q. Si nous les faisons trop travailler, comment agissons-nous ?

R. Cruellement.

Q. Si nous ne leur donnons pas de bonne nourriture, si nous ne les abritons pas et si nous ne les traitons pas avec douceur, comment agissons-nous ?

R. Nous agissons injustement, parce que nous ne leur donnons pas ce qui leur est dû, cruellement parce que nous les faisons souffrir.

VI

Q. Si nous devions apprendre un état auquel nous n'entendons rien, que devrions-nous faire ?

R. Il nous faudrait un professeur.

Q. Si nous ne comprenions pas le langage de notre professeur, comment pourrions-nous jamais apprendre avec lui ?

R. Il faudrait qu'il nous enseignât par signes, afin que nous puissions comprendre.

Q. Même comme cela, pensez-vous que nous apprendrions très vite ?

R. Non, il faudrait que notre maître soit patient et qu'il nous enseigne peu à la fois.

Q. Les animaux muets ne comprennent pas notre langage, alors comment devons-nous leur enseigner à travailler ?

R. Nous devons essayer de leur faire comprendre ce que nous attendons d'eux, être patient avec eux et ne leur enseigner que peu à la fois.

Q. Si nous vociférons après eux et si nous les battons, qu'arrivera-t-il ?

R. Nous ne ferons que les effrayer et les empêcher d'apprendre.

Q. Quels sont les animaux les plus travailleurs?

R. Ce sont toujours ceux qui ont été enseignés avec douceur et traités avec bonté.

Q. Quels sont les animaux les moins utiles et les plus dangereux?

R Ceux que l'on a effrayé et dont on a abusé.

VII

Q. Si nous désirons que nos animaux domestiques soient heureux et travaillent bien, que devons nous faire?

R. Nous devons leur donner de bonne nourriture et bien les traiter.

Q. Quelle nourriture devons-nous leur donner?

R. Celle qu'ils préfèrent et qui doit leur donner le plus de forces.

R. Combien de nourriture devons-nous leur donner?

R. Autant qu'ils peuvent en prendre, sans que cela devienne préjudiciable à leur santé.

Q. Et quand doivent-ils être nourris?

R. Ils doivent être nourris à heures régulières.

Q. Outre la nourriture, que doivent-ils encore avoir à heures régulières?

R. Ils doivent aussi avoir de l'eau régulièrement, ou ils souffrent beaucoup.

Q. Si nous désirons être bon pour nos animaux domestiques, que devons-nous ne pas manquer d'apprendre?

R. Nous devons apprendre quelle est la nourriture qui leur convient, quelle quantité leur est nécessaire, et à quel moment elle doit leur être donnée, ainsi que la quantité d'eau nécessaire.

Q. Si nous désirons qu'ils nous soient attachés, que devons-nous faire ?

R. Nous devons être bons pour eux, leur parler, leur donner les choses qu'ils aiment et ne jamais leur faire du mal.

Q. Dites-moi quelques choses qu'un cheval aime et qui ne peuvent pas lui faire mal ?

R. Il aime beaucoup un morceau de pain, une pomme de temps en temps. Il affectionne les carottes et elles sont bonnes pour lui, mais ce qu'un cheval de ville préfère à tout le reste, c'est une botte d'herbe belle et fraîche.

VIII

Q. Outre la nourriture et l'eau, que réclament encore les animaux ?

R. Ils demandent à être tenus avec beaucoup de propreté.

Q. S'ils ne sont pas tenus proprement, qu'arrivera-t-il ?

R. Ils ne seront pas à leur aise et ils pourraient devenir malades.

Q. Que leur faut-il pour les protéger contre les intempéries des saisons ?

R. Il leur faut un bon abri.

Q. Qu'entendez-vous par un bon abri ?

R. Un endroit chaud pendant l'hiver, frais pendant l'été, et toujours propre.

Q. Si nous devons laisser un cheval dehors pendant la froide saison, que devons-nous faire pour lui ?

R. Nous devons le couvrir d'une couverture, afin de l'empêcher d'avoir froid.

Q. Si nous devons laisser un cheval dehors par une chaude journée d'été, où devons-nous le laisser attendre?

R. Nous devons le faire attendre à l'ombre, les yeux à l'abri du soleil.

Q. Si le cheval est en transpiration, ou mouillé par la pluie, revenus à la maison, que devons-nous faire?

R. Nous devons bien le bouchonner et le frotter jusqu'à ce qu'il soit sec, car il pourrait devenir malade.

IX

Q. Quand nous avons beaucoup travaillé, que nous faut-il?

R. Il nous faut un bon repos.

Q. Les animaux ont-ils besoin de repos?

R. Le repos leur est aussi nécessaire qu'aux hommes.

Q. Sur quoi nous reposons-nous pendant la nuit?

R. Nous nous reposons sur un bon lit.

Q. Faut-il aux animaux domestiques des lits semblables aux nôtres?

R. Non, mais il leur faut des litières de paille bien propre, sur laquelle ils se couchent et dorment.

Q. Outre notre repos de la nuit, quel autre repos prenons-nous chaque semaine?

R. Nous avons un jour de repos le dimanche ou jour du Seigneur.

Q. Qu'est-ce que Dieu a commandé aux Israélites de faire le jour du Sabbat?

R. Il leur a commandé de s'abstenir de tout travail, eux, leurs domestiques et leurs bestiaux.

Q. Les chrétiens doivent-ils faire travailler leurs domestiques et leurs bestiaux le dimanche comme les autres jours de la semaine?

R. Non, le jour du Seigneur doit être consacré à la piété, et ni les hommes ni les bêtes ne doivent travailler que dans un cas de réelle nécessité.

X

Q. Qu'est-ce qu'un mors ?

R. C'est un morceau de fer que l'on met dans la bouche des chevaux.

Q. Comment est-il attaché pour qu'il puisse tenir dans la bouche du cheval ?

R. Il est attaché par une bride faite de courroies qui passe par dessus la tête du cheval.

Q. Qu'est-ce que les rênes?

R. Ce sont des traits attachés au mors afin que nous puissions diriger la tête du cheval tantôt à droite, tantôt à gauche.

Q. Quand nous tirons les rênes d'un côté, pourquoi le cheval tire-t-il de ce côté ?

R. Parce que le mors lui ferait mal à la bouche, s'il ne tournait de ce côté.

Q. Supposons que nous donnions une forte secousse aux rênes, ou que nous les tirions trop vite, qu'arriverait-il ?

R. Nous blesserions très fort le cheval à la bouche.

Q. Avons-nous le droit de faire mal au pauvre cheval qui travaille pour nous ?

R. Non, c'est cruel et méchant de lui faire mal.

Q. Est-il d'aucune nécessité de blesser le cheval avec le mors ?

R. Non, cela lui occasionne une grande souffrance d'abord et, ensuite, cela lui fait avoir la bouche si dure qu'il devient excessivement difficile de le conduire.

XI

Q. Savez-vous ce que c'est qu'une rêne-frein ?

R. C'est une rêne attachée à une partie du harnais et servant à maintenir en arrière la tête du cheval.

Q. La rêne-frein est-elle d'aucune nécessité pour conduire un cheval ?

R. Non, elle n'est d'aucune nécessité.

Q. Si le cheval s'abat, la rêne-frein ne l'empêchera-t-elle pas de tomber ?

R. Non, pas plus que si nous avions nos têtes tirées en arrière par une courroie.

Q. La rêne-frein peut-elle aider le cheval en quoi que ce soit ?

R. Non, elle ne fait que fatiguer son cou et blesser sa bouche.

Q. Ne lui fait-il pas d'autre mal ?

R. Oui, quand sa tête est tenue en arrière par la rêne-frein, il ne peut plus avancer pour tirer sa charge.

Q. S'il ne peut plus avancer, comment peut-il tirer ?

R. Il est obligé de forcer sur ses jambes et cela lui fait grand mal.

Q. Que pensez-vous des rênes-frein ?

R. Elles sont sans utilité et nuisibles, et c'est cruel de les employer.

XII

Q. De combien de parties le pied du cheval est-il composé ?

R. Il est composé de deux parties, l'une dure et en corne, appelée le sabot, l'autre molle appelée la fourchette.

Q. Pourquoi ferrons-nous les pieds du cheval ?

R. Parce que le sabot du cheval s'userait vite au contact des pierres de nos rues, s'il n'était pas ferré.

Q. Si nos souliers ne nous allaient pas bien, qu'arriverait-il ?

R. Ils nous feraient souffrir et, après quelque temps, ils seraient cause que nous aurions des cors aux pieds.

Q. Si un fer à cheval ne va pas exactement à un cheval, aura-t-il des cors aux pieds ?

R. Certainement, il aura des cors dans la partie molle du pied, et il deviendra boiteux.

Q. Si nous désirons que nos chevaux marchent facilement, que devons-nous faire ?

R. Nous devons nous assurer que leurs fers aillent parfaitement.

Q. Si des pierres ou du gravier s'introduisait dans le pied du cheval de manière à presser sur la partie molle, qu'arriverait-il ?

R. Cela lui donnerait exactement la même douleur qu'à nous, si nous avions dans nos souliers des pierres ou du gravier.

Q. Que faut-il faire pour tenir les pieds des chevaux en bonne condition ?

R. Ils doivent être nettoyés et lavés tous les jours.

XIII

Q. Pourquoi les chevaux s'emballent-ils ?

R. Généralemett parce qu'ils ont eu peur.

Q. Pourquoi les chevaux s'effraient-ils si facilement ?

R. Généralement parce qu'ils ont été grondés et battus quand ils étaient jeunes.

Q. Si nous désirons que nos chevaux soient doux et ne s'emballent pas, que devons-nous faire ?

R. Nous devons tenir à ce qu'ils soient toujours traités avec douceur.

Q. Si vous étiez renfermé toute la journée dans une petite chambre, sans permission de sortir, que ressentiriez-vous ?

R. Nous deviendrions agités et nerveux.

Q. Si un cheval est tenu longtemps à l'écurie qu'arrivera-t-il ?

R. Qu'il deviendra agité et nerveux.

Q. Quand les chevaux ne travaillent pas doivent-ils être tenus à l'écurie tout le temps ?

R. Non, on doit les sortir et leur faire prendre de l'exercice.

Q. Si on ne leur fait pas prendre d'exercice, qu'arrivera-t-il probablement quand on les attèlera ?

R. Ils pourraient s'emballer à cause de leur état nerveux.

Q. Si un cheval auquel on n'a pas donné l'exercice voulu, s'emballe, à qui en incombera la faute ?

R. A son maître.

XIV

Q. Si quelque chose dans vos vêtements vous gêne, pouvez-vous rester tranquille?

R. Non, si cela nous gêne beaucoup nous ne pouvons nous tenir tranquille.

Q. Si quelque chose dans le harnais gêne le cheval, pouvons-nous nous attendre à ce qu'il se tienne tranquille ?

R. Non, et nous ne devons pas être surpris s'il s'emballe ou s'il s'emporte ?

Q. A qui est la faute quand un cheval que le harnais blesse, s'emporte ?

R. C'est la faute de son conducteur.

Q. Pourquoi cela ?

R. Parce qu'il aurait dù s'assurer que le harnais du cheval ne le blessait pas et lui allait bien.

Q. Si vous croyiez que vous allez vous frapper contre quelque chose devant vous blesser, que feriez-vous ?

R. Nous nous arrêterions, ou nous nous détournerions de l'objet.

Q. Quand un cheval se défend ou se détourne de quelque chose qu'il croit pouvoir lui faire mal, devons-nous lui en vouloir et le battre ?

R. Non, nous devons le plaindre.

Q. Si cependant il n'y a rien pouvant le blesser, que devons-nous faire ?

R. Nous devons le ramener avec douceur à sa place et lui montrer qu'il n'y avait rien pouvant lui faire mal.

Q. Si cependant il y avait réellement quelque chose, mais quelque chose ne pouvant lui faire mal, que devrions-nous faire ?

R. Nous devrions l'amener doucement à l'endroit, afin qu'il voie par lui-même que cela ne pouvait lui faire mal.

Q. Si nous désirons qu'un cheval soit toujours tranquille et insensible à la peur, que devons-nous faire ?

Q. Nous devons lui faire comprendre qu'il a en son maître un ami, et que nous ne voudrions pas que rien puisse lui faire mal.

XV

Q. Quelle est la charge que nous devons demander à un cheval de porter ?

R. Pas plus lourde que celle qu'il peut porter sans se faire mal.

Q. Est-il plus facile de tirer un chariot sur une montée ou sur un terrain plat ?

R. Il est plus facile de le tirer sur un terrain plat.

Q. Comment alors devons-nous agir quand nous conduisons un cheval sur une montée ?

R. Nous devons aller doucement, plus doucement que sur un terrain plat.

Q. Comment devons-nous conduire un cheval dans une descente ?

R. Doucement, parce que s'il va trop vite il se blesse aux genoux et aux épaules.

Q. Quand vous courrez vite pendant longtemps, qu'arrive-t-il ?

R. Nous devenons fatigués et à court de respiration.

Q. Si nous conduisons un cheval à grande allure pendant longtemps qu'arrivera-t-il ?

R. Il se fatiguera, et deviendra comme nous à court de respiration, ou hors d'haleine.

Q. Quand nous avons une longue distance à parcourir, comment devons-nous conduire nos chevaux ?

R. Nous ne devons pas les faire marcher trop vite, et nous devons nous arrêter de temps en temps pour les laisser se reposer.

Q. Si nous surchargeons ou surmenons trop nos chevaux, comment agissons-nous ?

R. Nous agissons avec cruauté.

XVI

Q. De quel usage peut nous être le bœuf pendant qu'il est en vie ?

R. Il est utile pour labourer et pour tirer de grosses charges

Q. De quel usage nous est la vache pendant sa vie ?

R. Elle nous donne du lait.

Q. De quel usage sont pour nous, les vaches et les bœufs après leur mort ?

R. Leur chair est bonne à manger.

Q. A quoi servent leurs peaux, leurs os et leurs cornes ?

R. Leurs peaux servent à faire le cuir, leurs os servent à confectionner les boutons et les manches de couteaux, et leurs cornes servent à faire de la colle.

Q. Comment devons-nous traiter d'aussi utiles animaux ?

R. Avec beaucoup de bonté.

Q. Si nous ne les traitons pas avec bonté, comment agissons-nous ?

R. Très cruellement.

XVII

Q. Quelle nourriture doit-on donner à la vache ?

R. Elle doit avoir une bonne quantité d'herbes en été, et en hiver beaucoup de foin, de navets et de son.

Q. Où doit-on tenir les vaches ?

R. Dans l'été il faut les garder aux champs, et dans l'hiver elles doivent être renfermées dans des étables bien propres et chaudes.

Q. Si les vaches sont toujours tenues dans leurs étables, et nourries des résidus venant des hôtels et des distilleries, qu'arrive-t-il ?

R. Elles deviennent toujours malades.

Q. Le lait provenant de vaches mal nourries et malades est-il sain ?

R. Non, il est très malsain et souvent empoisonné.

Q. Arrive-t-il quelquefois que les maladies se déclarent par suite de l'usage de lait provenant de vaches malades ?

R. Oui, beaucoup de maladies ont pour origine la mauvaise qualité du lait, spécialement parmi les enfants.

Q. Meurt-on quelquefois de ces maladies ?

R. Oui, très souvent on en meurt.

Q. Pensez-vous alors, que les vaches doivent être gardées en ville où elles ne peuvent aller aux champs, et où elles sont souvent nourries de détritus de toutes sortes ?

R. Non, car sûrement elles deviendront malades, et leur lait pourrait aussi rendre beaucoup de personnes malades.

XVIII

Q. De quel animal prenons-nous la plu-part de nos vêtements chauds ?

R. La plupart de nos vêtements chauds sont faits de la laine du mouton.

Q. Qu'est-ce que le mouton nous donne encore ?

R. Il nous donne sa chair à manger, et de sa peau on fait du cuir.

Q. Comment la laine est-elle prise des moutons ?

R. On tond les moutons à l'aide de grands ciseaux ou tondeuses.

Q. Si le tondeur n'est pas soigneux fait-il mal aux moutons ?

R. Oui, souvent il coupe la peau du mouton et il le fait ainsi cruellement souffrir.

Q. A quelle époque de l'année tond-on le mouton ?

R. On le tond au printemps, quand sa toison est lourde et épaisse.

Q. Si la température est froide quand le mouton est tondu, que doit-on faire ?

R. On doit le mettre dans un endroit chaud, sans cela il souffrira beaucoup.

Q. Pourquoi David a-t-il dit ?

R. « Le Seigneur est mon pasteur » ?

R. Parce que le Seigneur prit soin de lui, comme un pasteur doit prendre soin de ses brebis.

XIX

Q. Si on ne prend pas bien soin des mou-tons, qu'arrive-t-il ?

R. Ils souffrent beaucoup, ils deviennent souvent malades, leur viande n'est pas bonne à manger, et leur laine est dure et rare.

Q. Si les moutons sont laissés dehors par les temps humides qu'arrive-t-il ?

R. Ils prennent une maladie très douloureuse que l'on appelle le piétin.

Q. Quand la neige couvre le sol et que les moutons ne peuvent trouver aucune herbe, que doit faire le berger ?

R. Il doit nourrir ses brebis avec du foin et des navets.

Q. En plein été, et en plein hiver que doit-il faire ?

R. Il doit les mettre à l'abri dans une bergerie bien sèche et bien aménagée.

Q Pourquoi notre Sauveur s'appelle-t-il lui-même le « Bon Pasteur » ?

R. Parce qu'il prend soin de nous comme un bon pasteur doit prendre soin de son troupeau.

Q. Comment un bon pasteur doit-il prendre soin de son troupeau ?

R. Il doit en prendre soin de la même manière qu'il désirerait que Dieu prît soin de lui.

XX

Q. Nommez-moi un autre animal utile qui ressemble au mouton ?

R. La chèvre.

Q. Qu'obtenons-nous de la chèvre ?

R. Elle nous donne du lait qui est très bon et qui fait de bon fromage.

Q. Que nous donne-t-elle encore ?

R. Quelques chèvres ont un poil long aussi fin que de la laine et duquel on fait des étoffes.

Q. La chèvre réclame-t-elle de grands soins ?

R. Non, mais elle réclame beaucoup de nourriture et d'eau.

Q. Les enfants ne jouent-ils pas avec les chèvres ?

R. Oui, ils leur font traîner de petites voitures.

Q. Y a-t-il quelque mal à cela ?

R. Non, s'ils les traitent avec douceur et si les harnais qu'ils leur mettent ne les blesse pas.

Q. Quand les enfants ont fini de jouer avec les chèvres que devraient-ils faire ?

R. Ils devraient leur donner quelque chose à manger, et de l'eau fraîche à boire, puis les laisser gambader librement pendant quelques moments.

Q. Si la chèvre est traitée avec bonté, s'attachera-t-elle aux enfants ?

R. Oui, elle s'y attachera, et aimera beaucoup jouer avec eux.

XXI

Q. Nommez-moi un animal bien utile à la consommation ?

R. Le porc.

Q. Qu'obtenons-nous du porc ?

R. Du lard, du jambon, du saindoux, des saucisses et de sa soie nous faisons des brosses.

Q. Le cochon ou porc est-il de son naturel un animal sale ?

R   Non, il est aussi propre qu'un grand nombre d'autres animaux.

Q. Pourquoi cherche-t-il toujours dans le sol avec son groin ?

R. Parce que c'est sa nature de chercher des racines dans le sol, et son groin a été façonné dans ce but.

Q. Pourquoi tout le monde croit-il le cochon un animal sale ?

R. Parce que les personnes qui ont des cochons les tiennent dans des bauges infectes.

Q. Comment un porc doit-il être gardé ?

R. S'il ne peut être tenu en liberté, il doit avoir une large bauge avec de la paille fraîche et propre sur laquelle il puisse se coucher.

Q. Est-ce raisonnable de tenir les porcs si sales ?

R. Non, nous ne devons pas tenir les animaux ni sales, ni de manière à ce qu'ils soient gênés.

Q. Quand un porc n'a pas été tenu proprement, sa chair est-elle bonne à manger ?

R. Non quelquefois, elle est même tout à fait malsaine ?

XXII

Q. Nommez-moi quelques oiseaux dont nous faisons usage ?

R. Les poulets, les dindons, les canards, les oies et les pigeons.

Q De quel nom appelons-nous tous ces oiseaux cn général ?

R. Nous leur donnons le nom de la volaille.

Q. Que tirons-nous de la volaille ?

R. Nous avons leur chair et leur œufs pour

nourriture, de leurs plumes nous faisons des oreillers et même des plumes à écrire.

Q Si nous désirons avoir de belles volailles, beaucoup d'œufs, comment faut-il faire?

R. Il faut bien les nourrir, leur donner de propres et spacieux poulaillers, et leur laisser beaucoup de liberté.

Q Quelle nourriture devons-nous leur donner?

R. Nous devons leur donner beaucoup de grain, et en hiver il faut leur donner un peu de viande hachée très fin.

Q. Pourquoi en été n'est-il pas besoin de leur donner de viande?

R. Parce qu'en été elles trouvent des vers et des insectes en quantité suffisante.

Q Si les volailles ne peuvent pas aller et venir en liberté et chercher leur nourriture elles-mêmes, ne deviendraient-elles pas malades?

R. Oui surement, elles deviendraient malades.

Q. Quand on n'a pas la place suffisante pour avoir des volailles en liberté, doit-on en avoir?

R. Non, on ne doit pas avoir de volailles, quand on n'a pas de place suffisante à leur accorder.

XXIII

Q. Les canards et les oies ne réclament-ils pas autre chose que de la place pour aller et venir en liberté?

R. Oui, il est nécessaire qu'ils aient de l'eau pour se baigner et nager.

Q. Pourquoi leur faut-il de l'eau pour nager et se baigner ?

R. Parce que ce sont des oiseaux aquatiques.

Q. Quand on n'a pas d'endroit où ces oiseaux puissent nager et se baigner, doit-on en posséder ?

R. Non c'est presqu'aussi cruel de les priver d'eau, que ce serait de les priver de nourriture.

Q. Pourquoi les poulaillers doivent-ils être entretenus avec la plus grande propreté ?

R. Parce que si les poulaillers ne sont pas tenus avec la plus grande propreté, les volailles se couvrent d'insectes.

Q. Les poules et les dindons se couchent-ils ?

R. Non, ils juchent sur des perches.

Q. Qu'est-ce que des perches ?

R. Ce sont des échalas ou branches sur lesquels les oiseaux se juchent.

Q. Une perche doit-elle être épaisse ?

R. Juste assez épaisse, assez grosse, pour que l'oiseau puisse facilement l'enserrer dans ses griffes.

Q. Est-il facile à une poule ou à un dindon de voler dans le poulailler pour monter sur son perchoir ?

R. Non, car il n'y a pas assez de place pour qu'ils puissent voler.

Q. Alors que devrait-il y avoir dans tous les poulaillers ?

R. Dans tous les poulaillers il devrait y avoir une échelle pour faciliter aux oiseaux l'abord du perchoir.

XXIV

Q. Dans quoi les poules demandent-elles à pondre leurs œufs ?

R. Elles demandent des nids.

Q. Pourquoi ne font elles pas leurs nids elles-mêmes comme les autres oiseaux ?

R. Parce qu'il y a si longtemps qu'elles sont soignées par les hommes qu'elles ont oublié comment on fait les nids.

Q. Quelles sortes de nids demandent-elles ?

R. Des nids de paille fraîche dans des compartiments bien propres.

Q. Où doit être placé le nid de la poule ?

R. Il doit être placé sur le sol même, et à un endroit où la poule ne pourra être dérangée.

Q. Que fait la poule si nous lui laissons ses œufs dans son nid ?

R. Elle les couve en s'étendant dessus.

Q. Quand elle les a couvés pendant un certain nombre de jours et de nuits qu'arrivera-t-il ?

R. Un petit poussin sort de chaque œuf.

Q. Comment appelons-nous la famille de poussins qui est sortie des œufs de la poule ?

R. Nous l'appelons sa couvée.

XXV

Q. Que fait la poule pour sa couvée ?

R. Elle la surveille, la nourrit et la protège.

Q. S'il n'y a pas beaucoup de nourriture, que fait la poule ?

R. Elle la donne à ses poussins et s'en prive elle-même.

Q. Si elle aperçoit un faucon que fait-elle ?

R. Elle appelle ses poussins, les rassemble sous les ailes, afin que le faucon ne puisse pas leur faire mal.

Q. Pourquoi fait-elle cela ?

R. Parce qu'elle préfère que le faucon lui fasse mal à elle-même plutôt que de faire mal à ses petits.

Q. Qu'a dit notre Sauveur, en parlant du peuple de Jérusalem ?

R. Il dit « qu'il l'aurait rassemblé comme une poule rassemble sa couvée sous ses ailes ».

Q. Pourquoi ne l'a-t-il pas fait ?

R. Parce que le peuple ne voulut pas le lui laisser faire.

Q. Qu'arriva-t-il après son refus de vouloir lui laisser prendre soin de lui ?

R. Les soldats romains vinrent et le détruisirent, comme les faucons détruiraient une couvée de poussins s'ils n'avaient pas leur mère pour les défendre.

XXVI

Q. Où les pigeons sont-ils tenus ?

R. Dans un pigeonnier, élevé au-dessus du sol, afin que les rats et les chats ne puissent les approcher.

Q. Les pigeons domestiques perchent-ils sur les arbres ?

R. Non, ils ne veulent même pas percher sur des branches d'arbres.

Q. Si leurs pigeonniers ne sont pas tenus proprement et bien secs, où les pigeons peuvent-ils aller ?

R. Nulle part, et ils sont alors très malheureux.

Q. Devons-nous avoir des pigeons si nous ne pouvons en prendre soin ?

R. Non, nous ne devons garder aucune créature à moins que nous ayons les moyens d'en prendre grand soin.

Q. Les pigeons domestiques trouvent-ils eux-mêmes leur subsistance ?

R. Non, il faut les nourrir régulièrement et spécialement quand ils ont des petits.

Q. Qu'est-ce qu'un tir aux pigeons ?

R. C'est un endroit où l'on se rassemble pour tirer sur de pauvres pigeons que l'on sort d'une boîte, et qui sont dans la presqu'impos-possibilité d'échapper à leur sort.

Q. Tous ces pauvres pigeons sont-ils tués ?

R. Non, beaucoup d'entre eux sont sérieusement blessés, ils parviennent à s'enfuir, mais meurent ensuite dans de grandes souffrances.

Q. Que pensez-vous du tir aux pigeons?

R. C'est un sport cruel et méchant et ceux qui le pratiquent devraient avoir honte d'eux-mêmes.

XXVII

Q. Quel est celui des animaux que l'on appelle « l'ami de l'homme ?

R. C'est le chien.

Q. Pourquoi est-il appelé l'ami de l'homme ?

R. Parce qu'il aime à vivre avec l'homme et à le servir.

Q. Comment le chien sert-il l'homme ?

R. De plusieurs façons.

Q. Comment les chiens des Esquimaux servent-ils leurs maîtres ?

R. En traînant son traîneau sur la neige.

Q. Comment le mâtin et le boule dogue servent-ils leurs maîtres.

R. Ils gardent la maison pendant la nuit, et aboyent si quelqu'un s'en approche.

Q. Le boule-dogue n'est-il pas un animal féroce ?

R. Non, il est très bon et très doux, à moins que son maître ne l'ait rendu féroce.

Q. Quest-ce que le chien de Terre-Neuve?

R. C'est un grand chien à longs poils, qui nage bien, et qui a souvent sauvé des personnes qui se noyaient.

Q. Qu'est-ce que le chien du Mont Saint-Bernard.

R. C'est un chien suisse, grand et très fort que l'on envoie à la recherche des personnes qui se sont perdues dans les neiges des Alpes?

Q. Qu'est-ce qu'un chien de berger ?

R. C'est un chien d'origine écossaise, qui prend presqu'autant soin des troupeaux que le berger lui-même.

XXVIII

Q. Quel est le plus fort de tous les chiens de chasse ?

R C'est le limier.

Q. Comment le limier a-t-il souvent été employé.

R. A retrouver les prisonniers et les esclaves échappés.

Q. Le limier n'est-il pas une créature féroce ?

R. Non, vraiment, il n'est pas féroce, et il est très attaché à son maître.

Q. Qu'est-ce que le chien cervier.

R. C'est un chien très fort, très agile, employé à la chasse aux cerfs.

Q. Qu'est-ce que le levrier.

R. C'est un beau chien, très agile, que l'on emploie dans la chasse aux lièvres.

Q. Qu'est-ce que les chiens d'arrêt, les chiens couchants ?

R. Ce sont des chiens qui trouvent le gibier pour leur maître et lui indiquent exactement la place où il le trouvera.

Q. Qu'est-ce que les chiens d'ambulance ?

R. Ce sont des chiens appartenant à l'armée autrichienne, et qui sont dressés à trouver les soldats blessés, après une bataille.

XXIX

Q. Qu'est-ce qu'un épagneul ?

R. C'est un chien qui nage bien et qui sait chasser les canards sauvages et autres oiseaux aquatiques.

Q. Qu'est-ce qu'un chien de Dalmatie ?

R. C'est un chien tacheté que l'on garde dans les écuries parce qu'il adore les chevaux et qu'il aime à courir derrière les voitures.

Q. Qu'est-ce que les terriers ?

R. Il y a beaucoup d'espèces de terriers, mais tous savent s'y prendre pour détruire les rats.

Q. Qu'est-ce que le caniche ?

R. C'est un chien à poil long auquel on peut enseigner toute espèce de tours.

Q. Doit-on tondre le poil du caniche sur certaines parties de son corps ?

R. Non c'est aussi cruel que si l'on faisait

sortir un enfant sans vêtements sur certaines parties de son corps.

Q. Y a-t-il d'autres peuples que les Esquimaux qui se servent de leurs chiens pour traîner des fardeaux ?

R. Oui, les gens de la basse classe de Hollande ont des chiens qui traînent leurs charrettes à travers les rues.

Q. Est-ce cruel d'employer les chiens à ce travail ?

R. Non les chiens préfèrent de beaucoup traîner ces charrettes que d'être enchaînés toute la journée.

XXX

Q. Si nous désirons que nos chiens soient en bonne santé, et heureux, quelle est la première chose que nous devons faire ?

R. Nous devons nous assurer qu'ils soient convenablement nourris.

Q. Si les chiens ne sont pas convenablement nourris, qu'arrivera-t-il ?

R. Ils souffrent beaucoup et souvent deviennent malades.

Q. Quand un chien, doit-il recevoir sa nourriture ?

R. Il doit la recevoir régulièrement, le matin un léger déjeuner, et le soir un bon dîner.

Q. Quelles sortes d'aliments devons-nous lui donner ?

R. Un chien doit avoir une variété d'aliments.

Q. Que doit-il avoir chaque jour ?

R. Il doit avoir tous les jours une pâtée,

et quelquefois une bouillie de riz ou de l'orge est aussi très sain pour lui.

Q. Que doit-on mettre dans sa pâtée ?

R. Toujours quelque sorte de légumes, pommes de terre, choux, navets ; il mange de preàque tous les légumes.

Q. Que doit-on encore donner au chien outre sa pâtée et des légumes ?

R. Il faut lui donner tous les jours de la viande, mais en petite quantité.

XXXI

Q. Qu'est-ce qui est aussi nécessaire aux chiens que la bonne nourriture ?

R. Le plein air et l'exercice.

Q. Quand les chiens sont gardés à la maison avec nous, que devons-nous faire ?

R. Nous devons les faire sortir tous les jours, et les laisser courir en liberté.

Q. Doit-on tenir un chien enchaîné toute la journée ?

R. Non, c'est aussi cruel que de le tenir en prison.

Q. Si l'on est obligé de tenir un chien enchaîné que faut-il faire ?

R. Il faut le détacher deux ou trois fois dans la journée, et le laisser courir en liberté.

Q. Quelle sorte de chaîne doit-on employer ?

R. Une chaîne assez longue pour lui permettre d'aller et venir à son aise.

Q. Si un animal ne peut transpirer qu'arrive-t-il ?

R. Il devient malade.

Q. Un chien transpire-t-il de tout le corps comme un cheval, par exemple ?

R. Non, un chien ne transpire que par sa langue.

Q. En conséquence, doit-on museler les chiens ?

R. On ne doit pas employer de muselière qui lui comprime la langue de manière qu'il ne puisse plus transpirer à son aise, car cela lui donne de la fièvre, et il en souffre cruellement.

XXXII

Q. Outre la bonne nourriture et l'exercice, que faut-il encore donner aux chiens ?

R. Il faut leur donner un abri confortable.

Q. Comment appelle-t-on l'endroit où l'on renferme les chiens ?

R. On l'appelle un chenil.

Q. Quelle largeur doit avoir le chenil d'un chien ?

R. Il doit être assez large pour que le chien puisse aller et venir et se tourner à son aise.

Q. Comment doit-être tenu le chenil ?

R. Il doit toujours être tenu propre et sec.

Q. Quelle sorte de litière doit-il y avoir pour les chiens ?

R. Toujours une litière de paille fraîche et sèche.

Q. Quand un chien gratte la paille et la jette hors de son chenil, est-ce parce qu'il ne l'aime pas ?

R. Non, c'est parce qu'il n'a pas réussi à se faire une litière à son goût.

Q. Que doit-il y avoir toujours à portée d'un chenil ?

R. De l'eau de bonne qualité afin que le chien puisse boire à sa soif.

XXXIII

Q. Outre la nourriture, l'eau, et l'abri que réclament encore les chiens?

R. Ils demandent à être tenus propres.

Q. Si les chiens ne sont pas tenus proprement, qu'arrive-t-il?

R. Ils deviennent couverts de puces et souvent prennent des maladies de peau.

Q. Comment les chiens se nettoyent-ils?

R. Ils nagent dans l'eau, et se roulent sur l'herbe.

Q. S'ils ne peuvent prendre un bain tous les jours que faut-il faire pour eux?

R. Il faut les laver souvent avec de l'eau et du savon.

Q. Quand un chien a été lavé que faut-il faire?

R. Il faut bien le sécher, le frictionner, puis le laisser gambader en liberté jusqu'à ce qu'il soit complètement sec.

Q. Pourquoi un chien aime-t-il à se rouler sur l'herbe?

R. Parce que c'est sa manière de se brosser les poils.

Q. Un chien doit-il être brossé?

R. Oui, et les chiens qui sont gardés à la maison doivent être brossés tous les jours.

Q. Si un chien est bien lavé et bien brossé, cela est il bon pour lui?

R. Oui, cela lui cause un grand bien-être, et sa toison n'en est que plus lustrée et plus brillante.

XXXIV

Q. Combien d'années vit un chien?

R. Environ dix ou douze ans.

Q. Quand commence-t-il à vieillir ?

R. Vers l'âge de huit ou dix ans.

Q. A quoi s'aperçoit-on, qu'un chien vieillisse ?

R. Ses poils commencent à blanchir sur la tête et près de la bouche, ses dents se gâtent, et il n'aime plus autant à jouer.

Q. Quand un chien devient vieux, devons-nous le faire travailler ou jouer comme un jeune chien ?

R. Non, il faut lui laisser prendre un peu ses aises, et ne pas l'ennuyer.

Q. Que pensez-vous de l'idée de faire battre des chiens entre eux ?

R. C'est cruel et méchant.

Q. Pourquoi est-ce cruel ?

R. Parce que les chiens se font mal les uns aux autres, et que même quelquefois ils se tuent entre eux.

Q. Pourquoi est-ce méchant ?

R. Parce que tout ce qui est cruel est méchant.

XXXV

Q. A quoi servent les chats ?

R. Ils sont très utiles pour attraper les rats et les souris.

Q. Pourquoi aime-t-on à avoir des chats dans la maison ?

R. Parce qu'ils sont si joueurs et si doux.

Q. Le chat est-il un animal propre ?

R. Oui le chat est l'un des animaux les plus propres de la création.

Q. Le chat aime-t-il sa maison ?

R. Oui, il l'aime tant que quelquefois emmené à de grandes distances il y revient.

Q. Comment quelques personnes sont-elles cruelles envers leurs chats.

R. Quand elles s'absentent de leurs maisons en été, elles oublient de pourvoir à leur nourriture, et les pauvres chats sont presqu'affamés.

Q. Quand les garçons jettent des pierres aux chats dans la rue, n'est-ce pas un plaisant amusement?

R. Non, il n'y a là aucun plaisir, c'est simplement cruel et méchant.

Q. Doit-on enseigner les chiens à taquiner les chats?

R. Non, les enfants qui font cela devraient être sévèrement punis.

XXXVI

Q. Quand nous avons des animaux simplement pour notre plaisir et notre amusement, comment les appelons-nous?

R. On les appelle des animaux favoris.

Q. Nommez-moi un animal que les garçons aiment à posséder?

R. Le lapin.

Q. Quand le lapin est à l'état sauvage, quelle est sa nourriture habituelle?

R. L'herbe et les légumes.

Q. Quelle nourriture devons-nous donner aux lapins domestiques.

R. Ils peuvent manger presque tous les légumes bons et frais.

Q. Où les lapins sauvages ont-ils leurs demeures?

R. Ils font des trous, des terriers dans le sable ou dans les roches, et là ils sont au sec et à l'abri.

Q. De quelle façon doit-on loger les lapins domestiques?

R. Il faut leur donner des clapiers secs, commodes, un peu élevés au dessus du sol, et bien abrités du froid.

Q. Le lapin est-il un animal bien propre?

R. Oui, et si son clapier n'est pas tenue parfaitement propre, le pauvre animal en souffre.

Q. Le lapin a-t-il besoin d'eau?

R. Il n'en réclame pas beaucoup, cependant s'il en est tout à fait privé, spécialement quand il a des petits, il devient fou et il les tue.

XXXVII

Q. Nommez-moi quelques animaux que nous gardons dans nos maisons?

R. Les oiseaux de cages.

Q. Nommez-moi quelques-uns de ces oiseaux?

R. Les serins, les oiseaux moqueurs, les perroquets.

Q. Où trouvons-nous nos serins?

R. Ils sont élevés en cage.

Q Où trouvent-on les oiseaux moqueurs et les perroquets?

R. Ils sont pris jeunes dans les nids d'oiseaux sauvages.

Q. Si nous avons des oiseaux en cages, pour notre plaisir, comment devons-nous les traiter.

R. Nous devons essayer de leur rendre la vie aussi douce que s'ils étaient en liberté.

Q. Les oiseaux en cages peuvent-ils jamais y être heureux?

R. Oui, s'ils y ont été élevés.

Q. S'ils ont été pris du nid d'oiseaux sauvages, peuvent-ils être heureux?

R. Nous ne pouvons jamais les rendre aussi heureux que s'ils étaient libres.

Q. Doit-on attraper des oiseaux sauvages quand ils sont déjà grands?

R. Non, c'est très cruel?

Q. Pourquoi est-ce cruel?

R. Parce qu'ils ont très peur et qu'ils se sentent comme en prison; très souvent ils dépérissent et ils meurent.

XXXVIII

Q. Quelle est la manière de se mouvoir des oiseaux quand ils sont en liberté?

R. Ils volent dans les airs.

Q. Doit-on les tenir de manière à ce qu'ils ne puissent pas voler du tout?

R. Non, il faut leur donner la place nécessaire pour voler et prendre quelque exercice.

Q. Quelle sorte de cages doit-on donner aux oiseaux?

R. On doit leur donner de larges cages, il est cruel de donner aux oiseaux des cages trop étroites.

Q. Quand les oiseaux sont en liberté, où aiment-ils à percher et à faire leurs nids?

R. Dans les branches ombreuses des arbres.

Q. Alors où pensez-vous que nous devions mettre les cages des oiseaux?

R. Nous devons les mettre dans un endroit où le soleil ne brille pas trop ardemment.

Q. Devons-nous accrocher les cages des oiseaux aux plafonds de nos chambres?

R. Non, car un oiseau a besoin de l'air le plus pur et l'air près du plafond est moins pur que celui un peu plus bas.

Q. Les oiseaux aiment-ils la fumée de tabac?

R. Non, elle les rend très malades, on ne doit pas garder d'oiseaux dans une pièce où l'on fume.

XXXIX

Q. Tous les oiseaux réclament-ils la même nourriture?

R. Non, les différentes sortes d'oiseaux, réclament différentes sortes de nourriture.

Q. Si nous gardons des oiseaux en cage, quelle nourriture devons-nous leur donner?

R. Il faut leur donner la nourriture qu'ils prendraient s'ils étaient en liberté.

Q. Quelle nourriture faut-il donner aux serins?

R. Il faut leur donner du millet, de la graine de navets, et un peu de chènevis tous les jours.

Q. Que faut-il donner à l'oiseau moqueur?

R. Des pommes de terre en purée avec un jaune d'œuf.

Q. Que faut-il donner aux perroquets?

R. Il faut leur donner les mêmes graines qu'aux serins, de la graine de tournesol, et du pain trempé dans du café, tous les matins.

Q. Outre les graines, que doit-on encore donner aux oiseaux?

R. On doit leur donner un peu de verdure, tel que du mourron, des feuilles de laitue ou de céleri, et un peu de fruit bien mûr.

Q. Les oiseaux doivent-ils avoir à manger souvent ?

R. Régulièrement tous les matins.

XL

Q. Comment la cage d'un oiseau doit-elle être entretenue ?

R. Elle doit toujours être parfaitement propre.

Q. Si la cage n'est pas tenue parfaitement propre, qu'arrivera-t-il aux oiseaux ?

R. Ils se couvriront bientôt d'insectes et leurs plumes commenceront à tomber.

Q. Quelle partie de la cage doit être nettoyée tous les jours ?

R. La cage tout entière doit être nettoyée tous les jours.

Q. Quand nous donnons à l'oiseau des graines fraîches, à quoi devons-nous surtout veiller ?

R. Nous devons enlever les vieilles graines et bien laver le vase qui les contient.

Q. Devons-nous souvent changer l'eau de nos oiseaux ?

R. Il faut leur donner de l'eau fraîche tous les matins, et plus souvent en été, quand il fait chaud.

Q. Les oiseaux aiment-ils se baigner ?

R. Oui, la plupart des oiseaux aiment à se baigner, et il faut leur en donner la facilité tous les matins.

Q. Outre la nourriture et l'eau, que faut-il encore donner aux oiseaux?

R. Il faut qu'ils aient toujours dans leur cage du sable fin.

Q. Si nous désirons acquérir l'affection de nos oiseaux, outre les soins matériels que devons-nous faire?

R. Il faut leur parler, leur montrer de l'amitié, et bientôt ils nous seront très attachés.

Q. Est-ce une bonne chose que de laisser les oiseaux sortir de leurs cages?

R. Oui, cela les rend parfaitement heureux de voler à travers la chambre, tous les jours, pendant quelques instants.

XLI

Q. Dites-moi quelques autres créatures que l'on garde pour son amusement?

R. Les poissons rouges et les argentines.

Q. Dans quoi garde-t-on ces poissons?

R. Dans des globes ou réservoirs remplis d'eau.

Q. Comment les poissons respirent-ils?

R. Ils respirent par leurs ouïes.

Q. Comment dans l'eau peuvent-ils prendre de l'air respirable?

R. Ils prennent l'air qui est dans l'eau au moyen de leurs ouïes.

Q. Si le globe ou le réservoir est si petit qu'ils n'aient pas assez d'eau, qu'arrive-t-il?

R.. Ils deviennent malades et meurent faute d'air.

Q. S'il y a trop de poissons dans le globe, qu'arrive-t-il?

R. Il arrive qu'il n'y a pas assez d'air pour tous les poissons, qu'ils deviennent malades et qu'ils meurent

Q. Si l'eau n'est pas très souvent changée, qu'arrive-t-il?

R. L'eau devient bientôt croupissante et les pauvres poissons empoisonnés meurent.

Q. On dit que les poissons rouges et les argentines n'ont pas besoin de nourriture. Est-ce vrai?

R. Non, c'est une erreur, il faut les nourrir comme tous les autres animaux.

Q. S'ils n'ont pas de nourriture, que leur arrivent-ils?

R. Ils meurent de faim.

Q. Que doit-on leur donner?

R. On doit leur donner des miettés de pain et de la viande hachée menue, tous les jours.

XLII

Q. Si vous aviez des poissons rouges et des argentines, dans quoi les placeriez vous?

R. Dans un bon et large globe ou dans un réservoir, et je n'y mettrais pas trop de poissons.

Q. Quand changeriez-vous l'eau du globe?

R. Tous les jours, et pendant l'été, deux fois par jour.

Q. Comment vous y prendriez-vous pour changer l'eau du globe?

R. J'enlèverais l'eau soigneusement en en laissant assez pour couvrir les poissons, puis je mettrais de l'eau fraîche.

Q. Que mettriez-vous dans le fond du globe?

R. J'y mettrais du sable et de petits cailloux.

Q   Et que planteriez-vous dans le sable ?

R. J'y mettrai quelques plantes aquatiques.

Q. Quel serait l'usage de ces plantes ?

R. Elles purifieraient l'eau et les poissons les aimeraient.

Q. Mettriez-vous votre globe sur la fenêtre de manière que le soleil brille dessus ?

R. Non, car les poissons n'aiment pas la lumière du soleil.

Q. En hiver, où tiendriez-vous vos poissons ?

R. Je les tiendrai dans un endroit où l'eau ne pourra pas geler, car alors les poissons mourraient.

Q. Si vous nourrissez vos poissons régulièrement, apprendront-ils à vous connaître ?

R. Oui, et ils nageront vers nous pour que nous leur donnions leur nourriture.

XLIII

Q. Dites-moi le nom d'un animal qui ressemble à l'homme ?

R. Le singe.

Q. Combien de pattes le singe a-t-il ?

R. Il n'a pas de pattes comme les ours, il a quatre mains.

Q. Pourquoi le singe a-t-il quatre mains au lieu de deux pieds et de deux mains ?

R. Parce qu'il vit sur les arbres et qu'il a besoin de mains pour enlacer, étreindre les branches des arbres.

Q. Qu'a encore le singe pour enlacer les branches des arbres ?

R. Il a une longue queue.

Q. Tous les singes peuvent-ils enlacer de leurs queues les branches des arbres ?

R. Non, seulement quelques-uns d'entre eux.

Q. Comment appelle-t-on les singes qui n'ont pas de queue ?

R. On les appelle guenons.

Q. Le singe peut-il s'apprivoiser ?

R. Oui, et il est très amusant.

Q. Pourquoi est-il si amusant ?

R. Parce qu'il imite tout ce qu'il voit et qu'il peut faire beaucoup de tours.

Q. S'attache-t-il à son maître ?

R. Oui, et s'ils sont bien traités, certains singes sont très-affectueux.

XLIV

Q. Si le singe vit sur les arbres, que devons-nous lui donner quand nous le gardons à la maison ?

R. Nous devons lui donner de l'espace, afin qu'il se meuve librement, et aussi quelque chose sur lequel il puisse grimper.

Q. Si le pays du singe est un climat chaud, comment doit-il se trouver dans un climat froid.

R. Il souffre beaucoup du froid et il est malheureux.

Q. Comment alors doit-il être tenu dans les climats froids ?

R. Il faut soigneusement le protéger du froid.

Q. Si on ne le protège pas du froid, qu'arrive-t-il !

R. Il s'enrhume comme nous, et il souffre beaucoup.

Q. De quoi meurent presque tous les singes en ce pays?

R. Presque tous meurent de maladies de poitrine parce que le froid les tue.

Q. Est-ce bien de permettre aux porteurs d'orgue d'exhiber de pauvres singes grelottants en plein hiver?

R. Non, c'est cruel et cela ne devrait pas être permis.

XLV

Q. Devons-nous être bons seulement pour les animaux apprivoisés que nous avons autour de nous?

R. Non, nous devons être bons pour toutes les créatures vivantes.

Q. Nommez-moi quelques jolies créatures que nous n'apprivoisons pas?

R. Le rouge-gorge, le pinson, et autres oiseaux sauvages.

Q. Ces oiseaux restent-ils avec nous toute l'année?

R. Non, quelques uns partent pendant l'hiver pour un climat plus doux, et reviennent vers nous l'été.

Q. Si nous désirons qu'ils nous reviennent comment devons-nous les traiter?

R. Nous ne devons jamais les déranger, ni eux, ni leurs nids.

Q. Comment pouvons-nous nous les attacher?

R. En les nourrissant de miettes de pain.

Q. A quoi peuvent nous servir ces gentils oiseaux?

R. A nous charmer, parce que quelques uns

sont très beaux et d'autres chantent très bien.

Q. A quoi sont-ils utiles ?

R. Ils détruisent des milliers d'insectes qui dévoreraient nos arbres et nos fruits.

Q. Si des garçons jetaient des pierres à ces oiseaux, comment agiraient ils ?

R. D'une façon cruelle et ridicule parce qu'ils chasseraient ces oiseaux.

XLVI

Q. Le brun petit moineau peut-il être utile ?

R. Oui, il détruit un grand nombre d'insectes qui compromettraient nos arbres et nos fruits.

Q. Le moineau est-il natif de ce pays ?

R. Oui, le moineau est indigène à l'Europe.

Q. Quelle sorte d'oiseau est le moineau ?

R. C'est un gai, utile petit oiseau.

Q. Pendant l'hiver, quand il n'y a pas d'insectes et que la neige couvre le sol, le moineau n'a-t-il pas une vie bien triste ?

R. Oui, ce sont des jours très-durs à passer et beaucoup de moineaux meurent de faim.

Q. Que pouvons-nous faire pour les moineaux pendant l'hiver ?

R. Nous pouvons leur donner des morceaux de pain.

Q. Si nous leur donnons régulièrement du pain tous les jours que feront-ils ?

R. Ils viendront en troupe à l'heure réglementaire demander leur dîner.

XLVII

Q. Quelles créatures vivantes Dieu nous a-t-il données?

R. Il nous a donné toutes les créatures qui peuvent nous être utiles.

Q. Dites-moi comment nous pouvons tirer parti des animaux sauvages?

R. Nous pouvons les tuer pour nous nourrir.

Q. Nommez quelques animaux que nous pouvons tuer pour notre nourriture?

R. Le cerf, le lapin, la perdrix, la caille, le coq de bruyère, le canard sauvage, l'oie, et les poissons.

Q. Quel autre usage pouvons-nous encore faire des créatures sauvages?

R. Nous pouvons nous vêtir de leurs fourrures.

Q. Nommez quelques créatures de la fourrure desquelles nous pouvons nous servir pour nos vêtements?

R. La loutre, le renard, l'hermine, le castor, etc.

Q. Pouvons-nous tirer des animaux autre chose que de la nourriture et des vêtements?

R. Oui, encore beaucoup d'autres choses.

Q. Nommez-m'en quelques-unes?

R. De la baleine, nous tirons l'huile et les baleines, et de l'abeille, nous obtenons le miel.

Q. Avons-nous le droit de tuer les animaux sauvages qui ne nous font pas mal et qui ne nous sont d'aucune utilité?

R. Non, Dieu nous a donné ses créatures vivantes pour notre usage, et non pour leur faire mal, ou les tuer si elles ne nous sont point utiles.

Q. Est-ce bien qu'un garçon pêche des poissons qui ne sont pas bons pour la nourriture ?

R. Non, c'est cruel et méchant.

XLVIII

Q. Que dit la Bible de la fourmi ?

R. Elle dit : « Et toi fainéant, va vers la fourmi, considère-la et deviens sage. »

Q. Qu'est-ce qu'un fainéant ?

R. C'est une personne paresseuse qui n'aime pas à travailler.

Q. Pourquoi les personnes paresseuses doivent-elles prendre des leçons de la pauvre petite fourmi ?

R. Parce que la fourmi est travailleuse.

Q. Pourquoi la fourmi est-elle si travailleuse ?

R. Parce qu'elle travaille l'été pour s'amasser de la nourriture pour l'hiver.

Q. Doit-on marcher sur une fourmi quand on peut l'éviter ?

R. Non, nous n'aimerions pas qu'un grand géant pose son pied sur nous et nous écrase.

Q. Quelquefois on rencontre une fourmilière d'où les fourmis entrent et sortent, peut-on fouler aux pieds cet endroit ?

R. Non, nous n'aimerions pas qu'un géant renversât notre maison et nous ensevelît sous ses décombres.

Q. Croyez-vous que Dieu ait souci d'un insecte aussi petit que la fourmi ?

R. Oui, parce que s'il n'en avait pas souci, il né l'aurait pas créé.

XLIX

Q. Nommez quelques insectes très utiles à l'homme !

R. Le ver à soie et l'abeille.

Q. Si nous avons des ver à soie et des abeilles, que devons-nous apprendre?

R. Nous devons apprendre comment les entretenir convenablement.

Q. Que nous donne le vers à soie?

R. Il nous donne de la soie.

Q. Que nous donne l'abeille?

R. Elle nous donne du miel et de la cire.

Q. Comment appele-t-on la maison de l'abeille?

R. On l'appelle une ruche.

Q. Comment, il y a déjà longtemps, s'y prenait-on pour faire sortir les abeilles de leur ruche?

R On enfumait les abeilles jusqu'à ce que la mort s'en suive et on s'emparait du miel.

Q. N'était-ce pas très cruel?

R. Oui, c'était très cruel, et en même temps c'était une grande perte.

Q. Pourquoi était-ce aussi une grande perte?

R. Parce que les abeilles mortes ne pouvaient plus produire de miel.

Q. Comment, maintenant, prenons-nous le miel, sans tuer les abeilles?

R Les ruches sont construites de telle sorte que le miel peut être pris sans déranger les abeilles.

Q. Comment doit-on entretenir les ruches ?

R   On doit les garantir contre les insectes, et l'hiver les protéger du froid.

L

Q. Si Dieu aime la miséricorde et désire que tous les hommes soient miséricordieux, quel est notre devoir ?

R. C'est notre devoir de montrer de la compassion nous-mêmes et d'essayer d'éveiller la compassion dans les cœurs des autres.

Q. Si nous voyons commettre des actes cruels, que devons-nous faire ?

R. Nous devons toujours essayer de les empêcher.

Q. Quand les personnes commettent des cruautés, est-ce toujours avec le désir d'être cruelles ?

R. Non, c'est souvent parce qu'elles ne réfléchissent pas à ce qu'elles font.

Q. Quand nous voyons des personnes qui sont cruelles sans le savoir, que devons-nous faire ?

R. Nous devons essayer de leur montrer l'inhumanité de ce qu'elles font.

Q. Quand des personnes sont cruelles en connaissance de cause, que doit-on faire ?

R. On doit les punir et les empêcher d'être cruelles.

Q. N'y a-t-il pas quelques lois qui protègent les animaux contre les traitements cruels ?

R. Oui, il y a de bonnes lois qui empêchent la cruauté, et qui punissent les personnes cruelles.

Q. N'y a-t-il pas une Société pour protéger les animaux contre la cruauté ?

R. Oui, elle est appelée « la Société Protectrice des Animaux.

Q. Donnez-moi trois bonnes raisons pour lesquelles les personnes compatissantes doivent appartenir à cette Société ?

R. Parce que c'est essayer de faire la volonté de Dieu sur la terre comme elle est faite au Ciel, parce que c'est essayer de rendre les hommes miséricordieux comme leur Père qui est aux cieux est miséricordieux, et parce que c'est protéger les créatures souffrantes de Dieu qui ne peuvent se protéger elles-mêmes.

———

PARIS. — IMP. CHARLES SCHLAEBER, 257, RUE SAINT-HONORÉ.